Cahier de Musique

Appartient à :

Un **sommaire** pour te repérer facilement dans ton cahier.

Tu peux indiquer une date et un titre sur tes feuilles de partition à remplir... Puis les noter dans l'**index des partitions** pour les retrouver rapidement

Anna-Audrey Belisle
© **2021** Tous droits réservés.

Aucune partie de ce livre ne peut être reproduite, stockée dans un système de recherche ou transmise par quelque moyen que ce soit sans l'autorisation écrite de l'auteur et de l'éditeur.

Sommaire

	page
Contacts	4
Petit rappel des notes	5
Index des partitions	6 - 7
Les partitions à remplir	8 - 103
Pour écrire	104-108

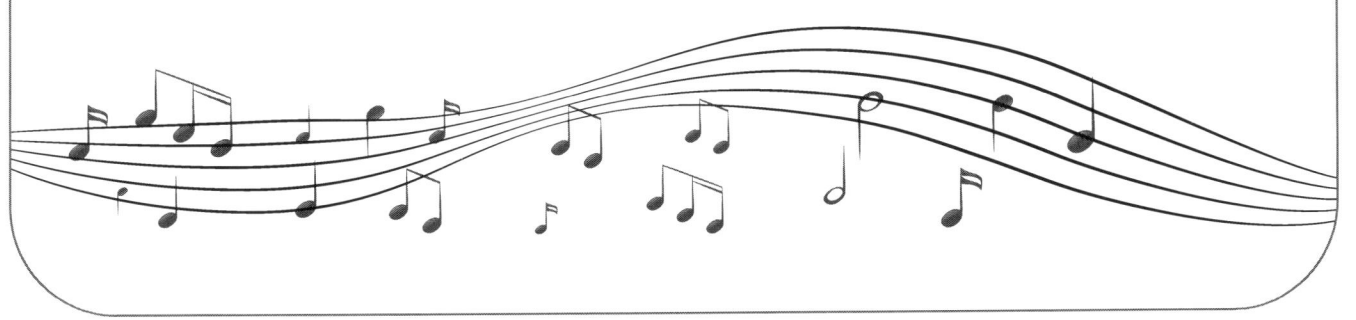

Contacts

Mon nom, prénom
adresse

Parent 1   Parent 2
@   @
☎   ☎

Nom de mon professeur
contact @
☎

Rappel des notes

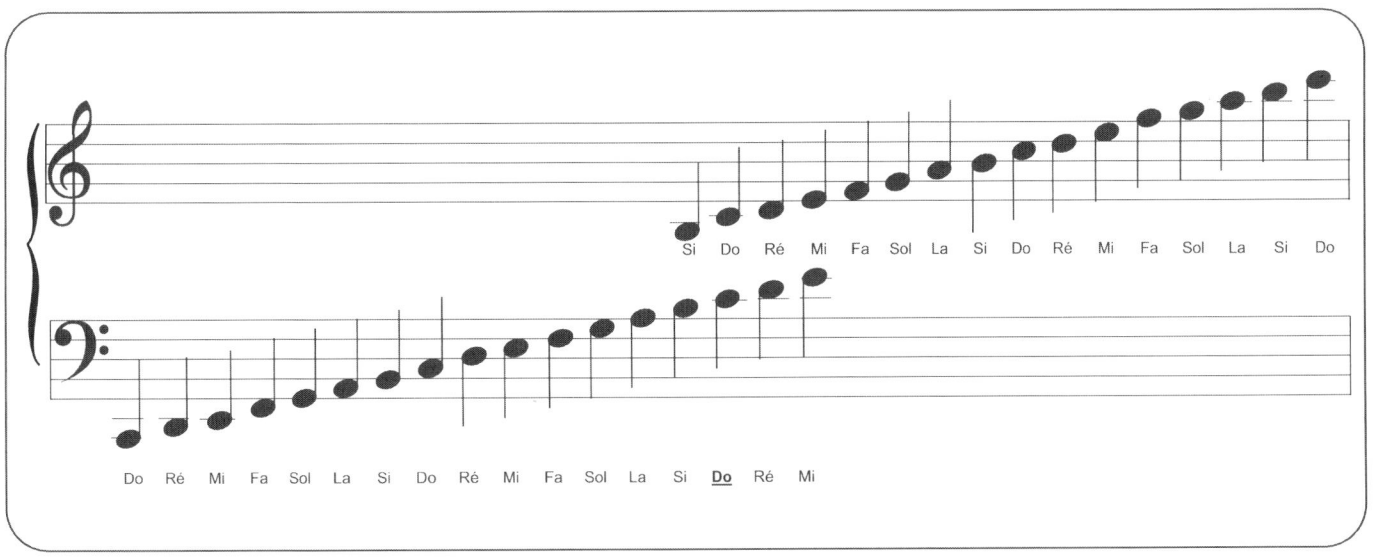

Index des partitions

titre	page
titre	page

Index des partitions

titre	page

Date　　　　　　　Titre

Date   Titre

Date Titre

Date Titre

Date　　　　　　　　Titre

Date   Titre

Date Titre

Date   Titre

Date Titre

Date Titre

Date Titre

Date　　　　　　　Titre

Date   Titre

Date Titre

Date   Titre

Date   Titre

Date   Titre

Date Titre

Date   Titre

Date Titre

Date Titre

Date   Titre

Date Titre

Date   Titre

Date   Titre

Date Titre

Date   Titre

Date   Titre

Date　　　　　　Titre

Date   Titre

Date   Titre

Date   Titre

Date				Titre

Date   Titre

Date Titre

Date Titre

Date   Titre

Date   Titre

Date Titre

Date   Titre

Date   Titre

Date   Titre

Date Titre

Date Titre

Date Titre

Date Titre

Date   Titre

Date Titre

Date　　　　　　　Titre

Date Titre

Date Titre

Date Titre

Date Titre

Date   Titre

Date Titre

Date   Titre

Date Titre

Date Titre

Date   Titre

Date Titre

Date Titre

Date Titre

Date Titre

Date Titre

Date Titre

Date Titre

Date Titre

Date Titre

Date Titre

Date Titre

Date Titre

Date Titre

Date Titre

Date Titre

Date Titre

Date Titre

Date   Titre

Date   Titre

Date Titre

Date   Titre

Date	Titre

Date Titre

Date Titre

Date　　　　　　Titre

Date Titre

Date Titre

Date Titre

Date Titre

Date Titre

Date　　　　　　　　Titre

Date Titre

Date   Titre

Date   Titre

Date Titre

Date Titre

Date Titre

Pour écrire ...

Pour écrire ...

Pour écrire ...

Pour écrire ...

Printed in Great Britain
by Amazon